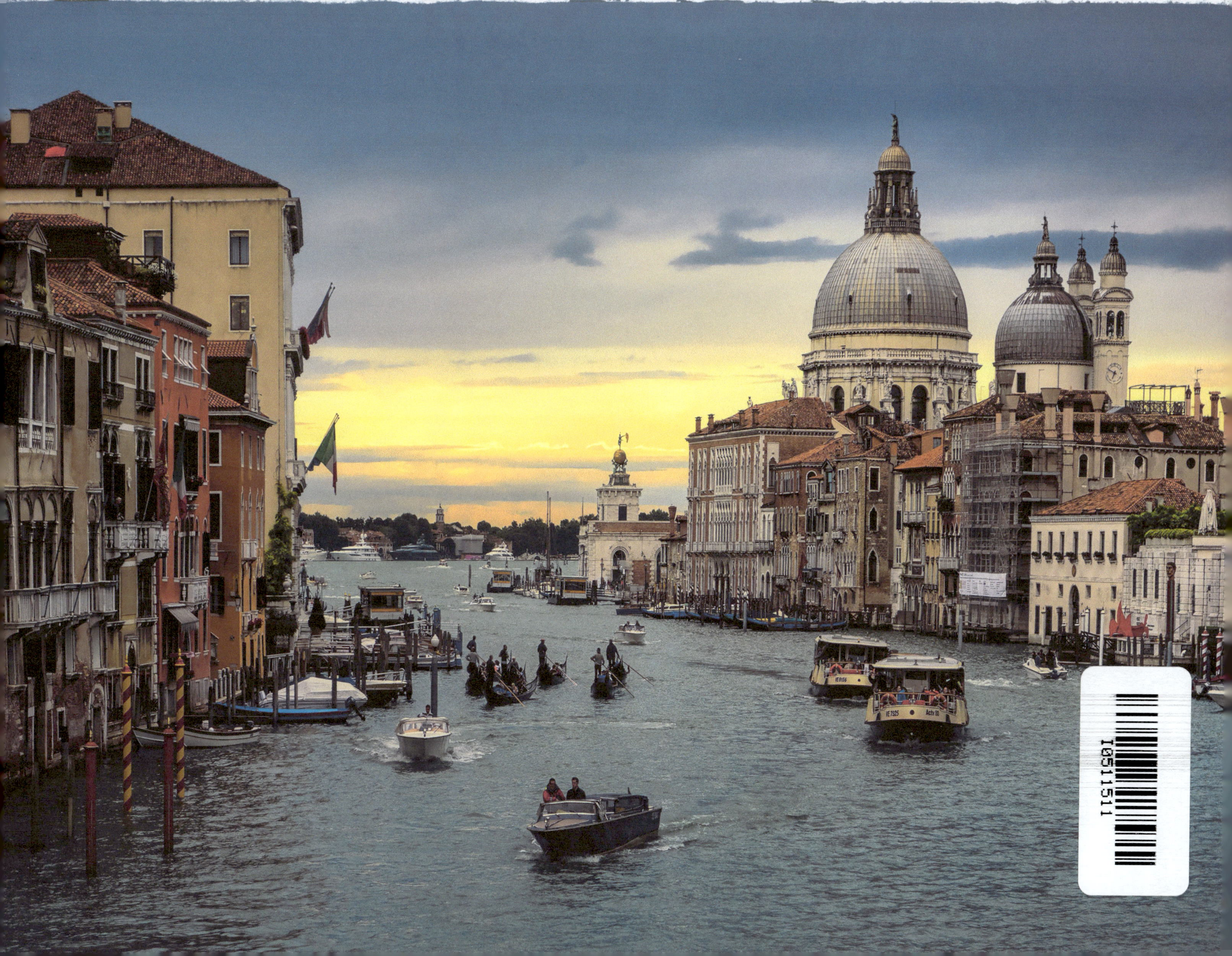

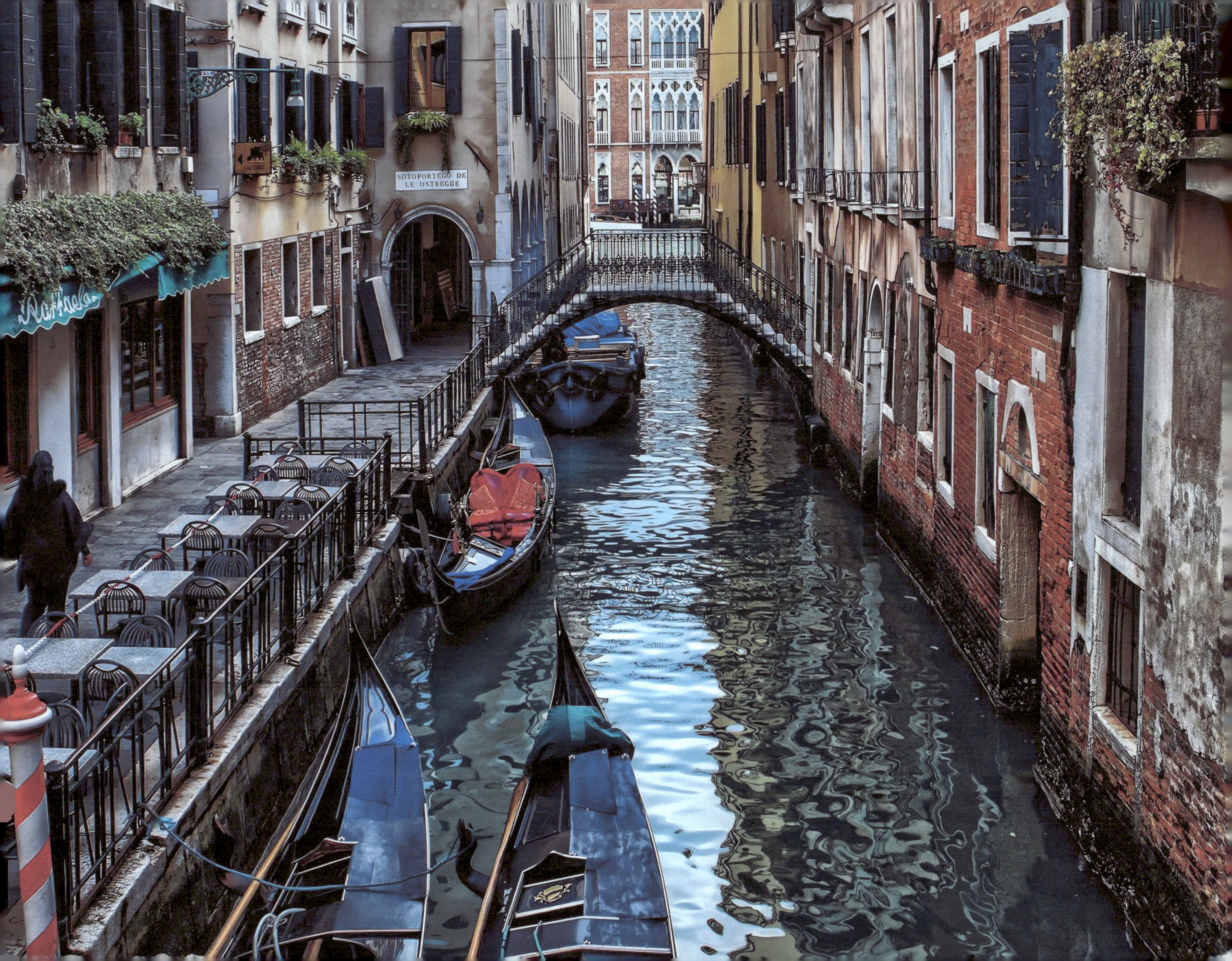
SOTOPORTEGO DE
LE OSTREGHE
Raffaele

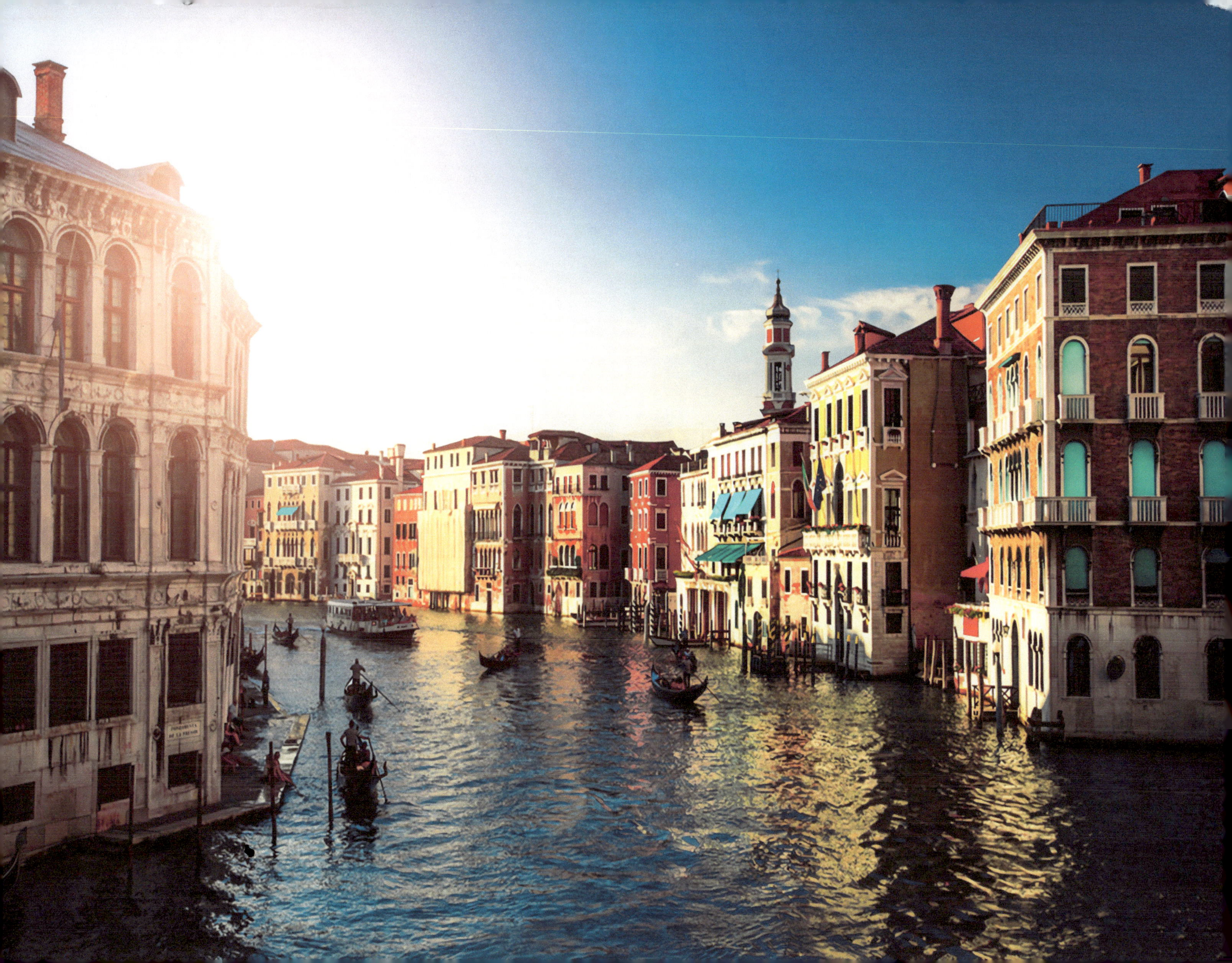

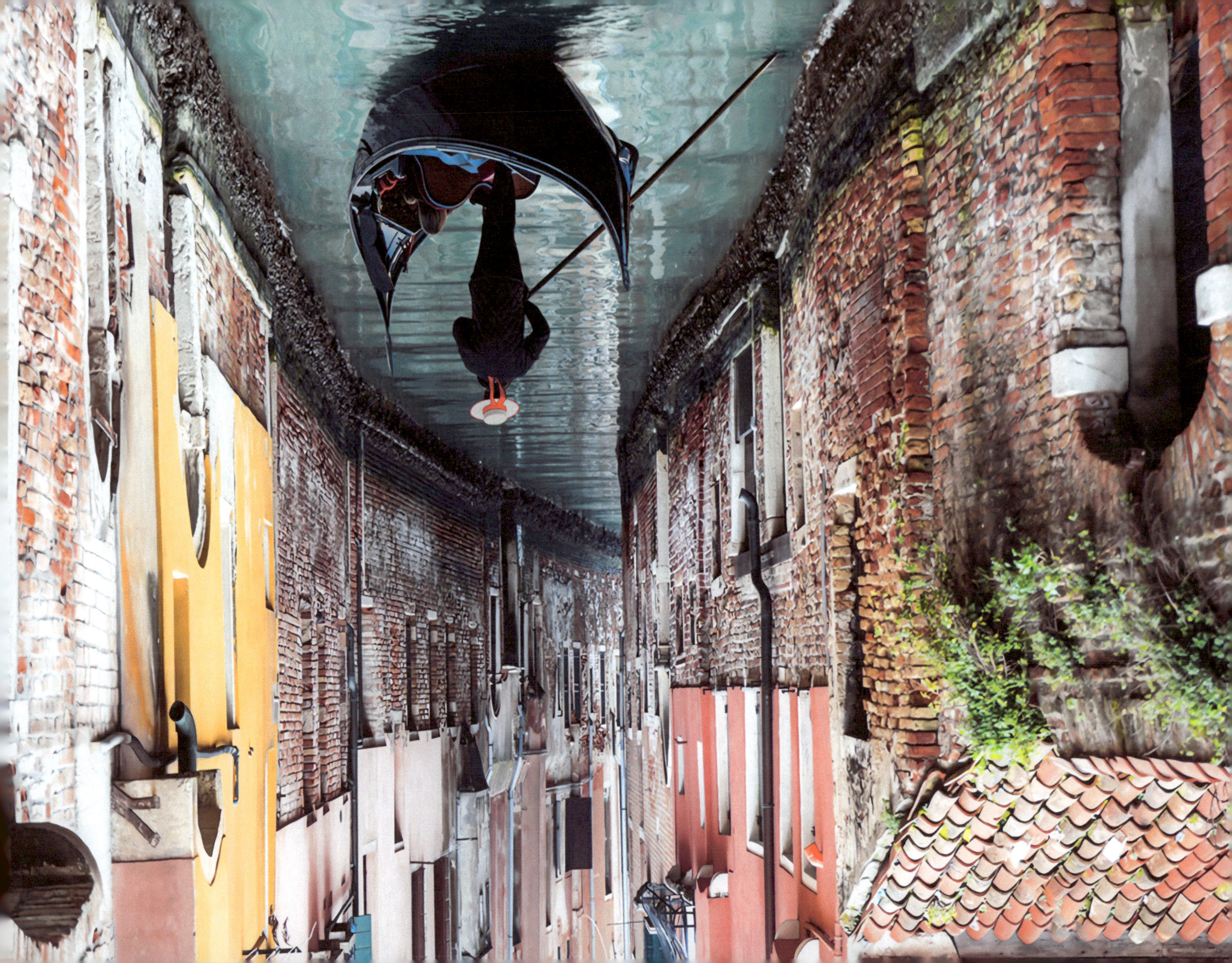

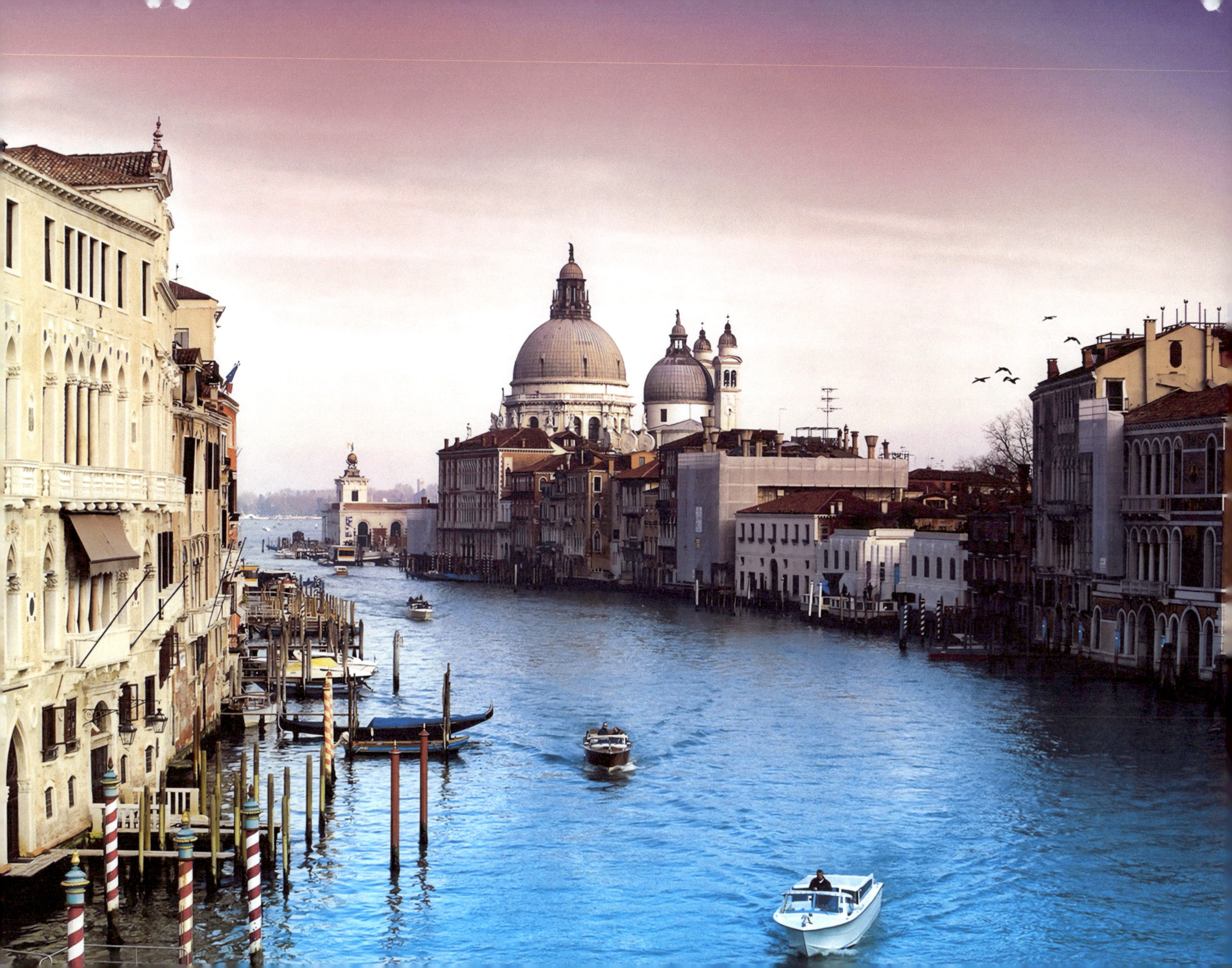

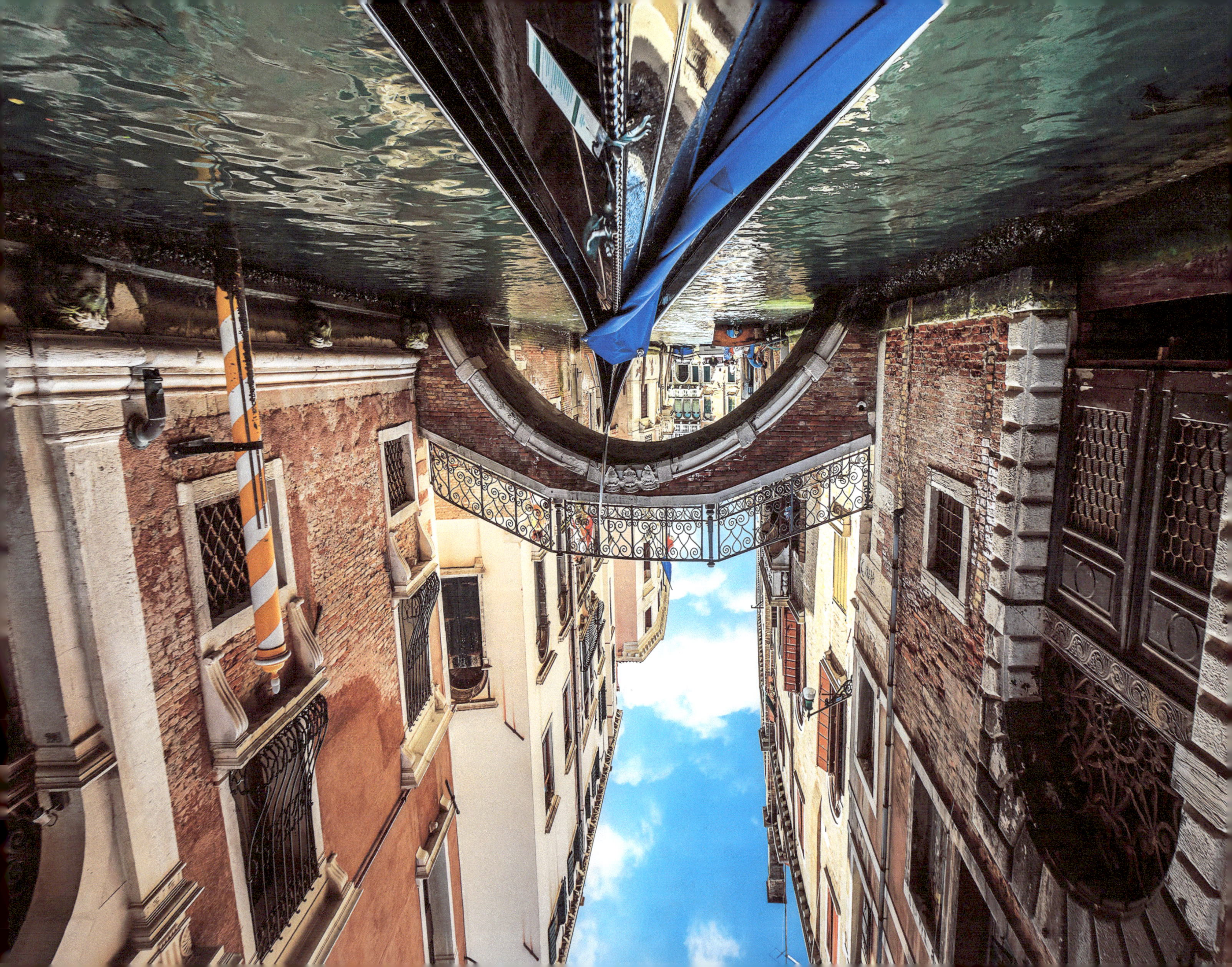

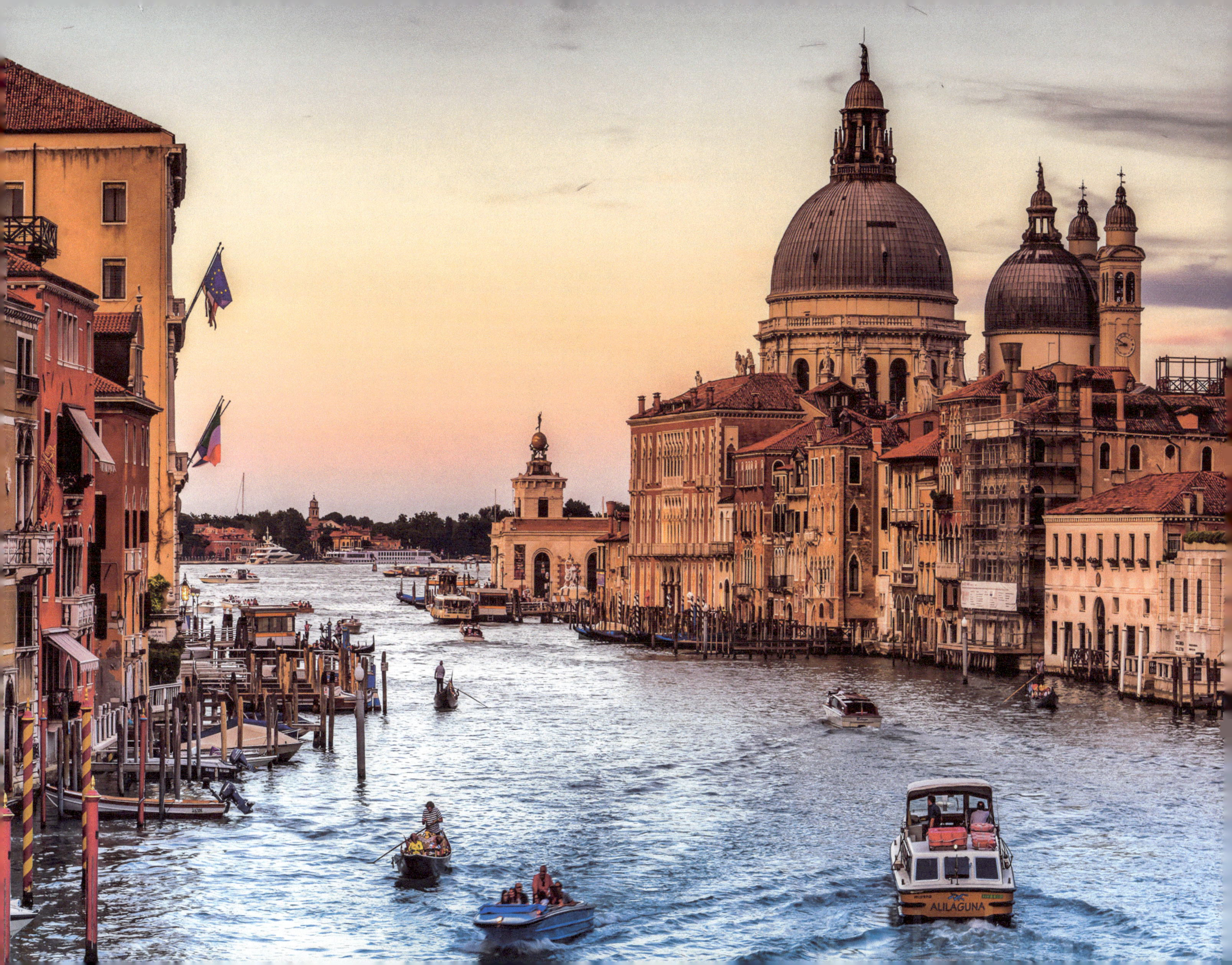
ALILAGUNA

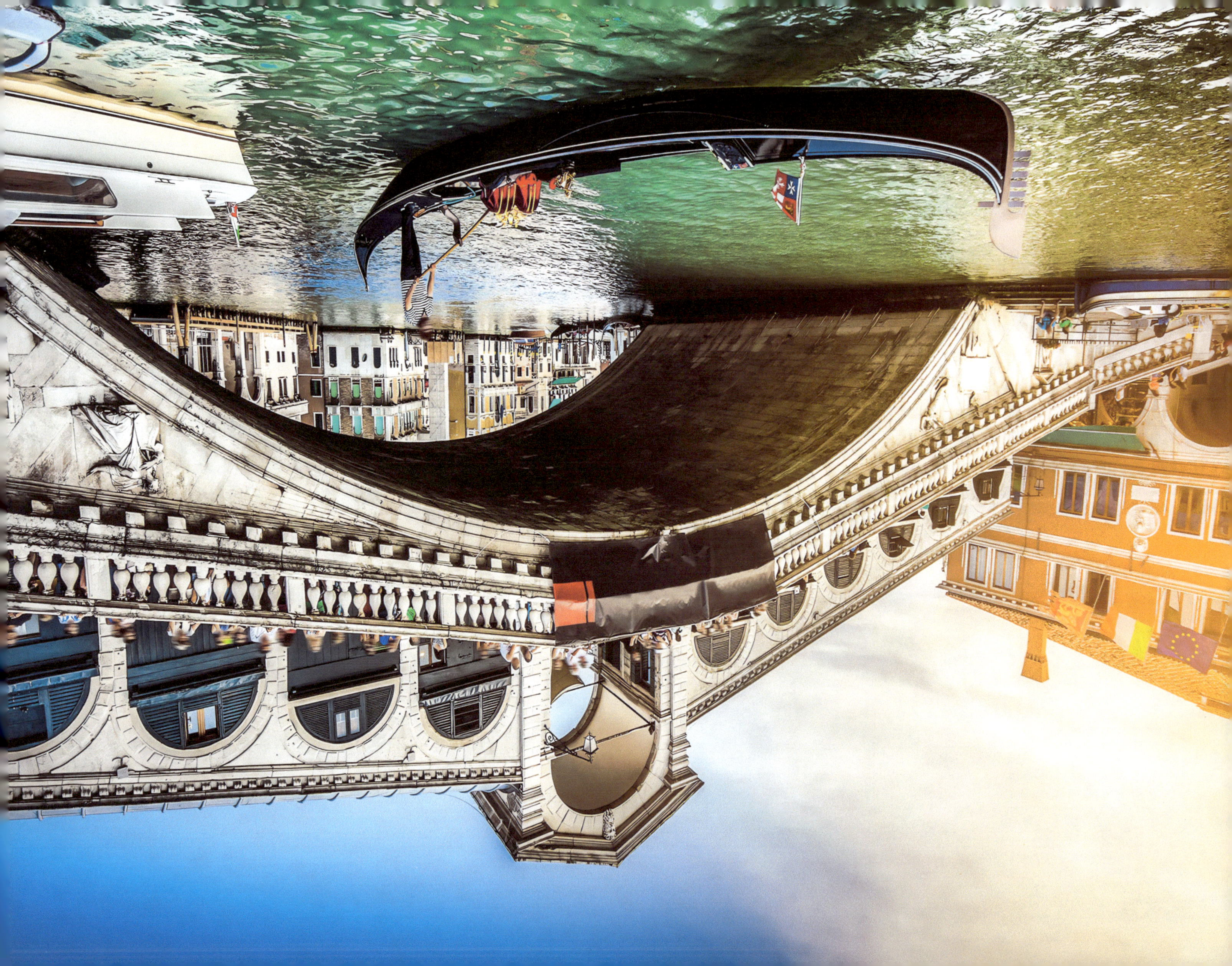

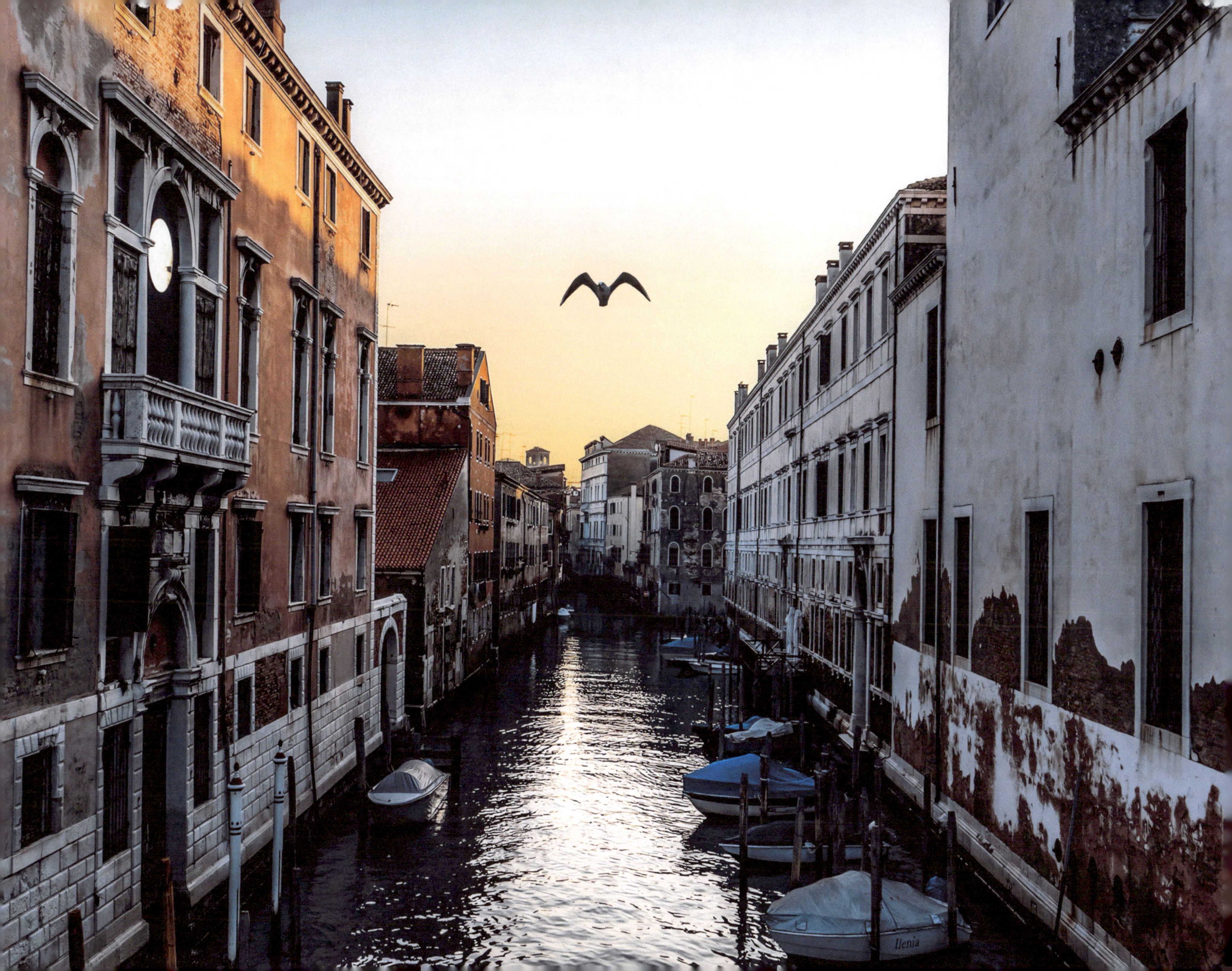
Ilenia

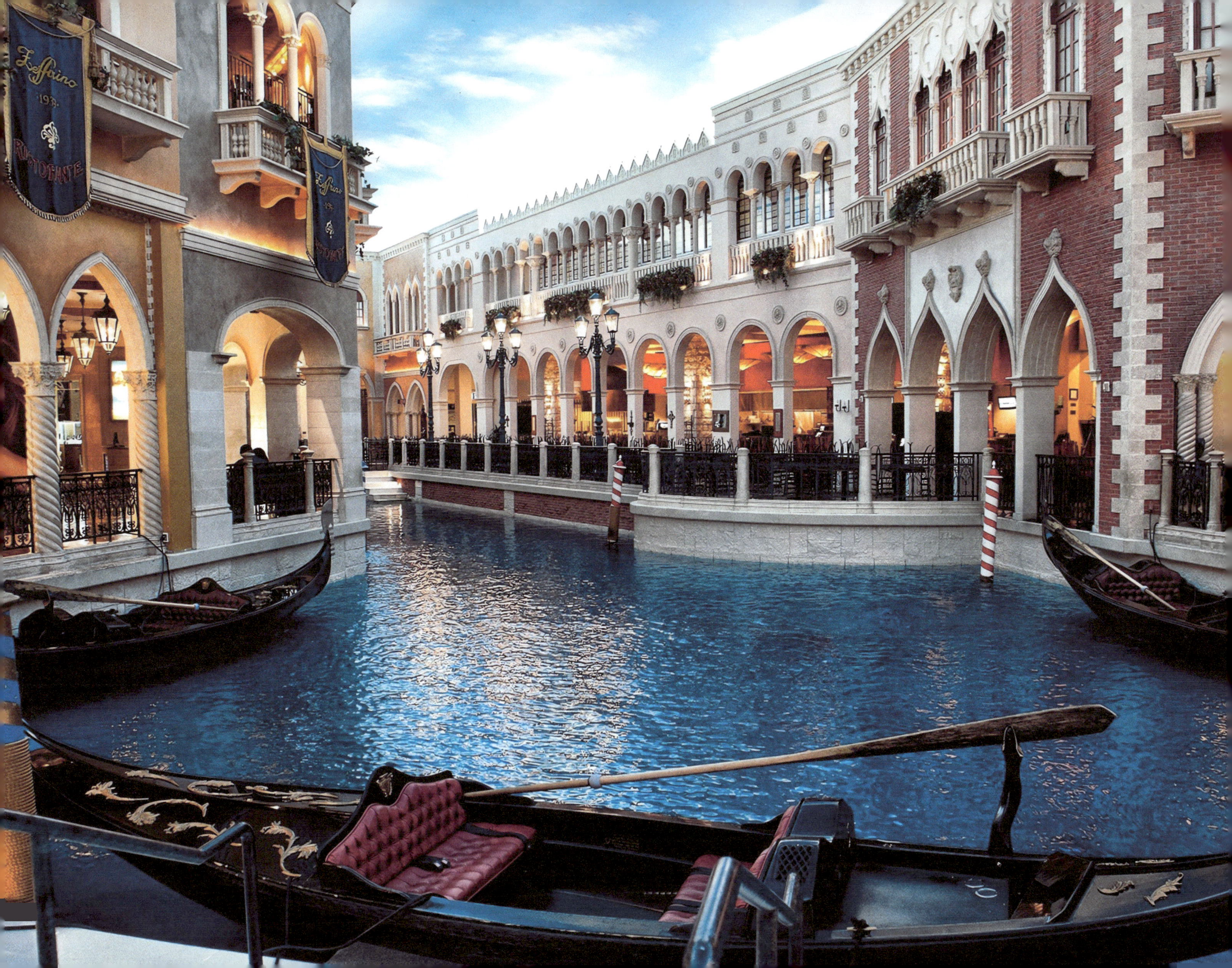
Zeffirino
RISTORANTE

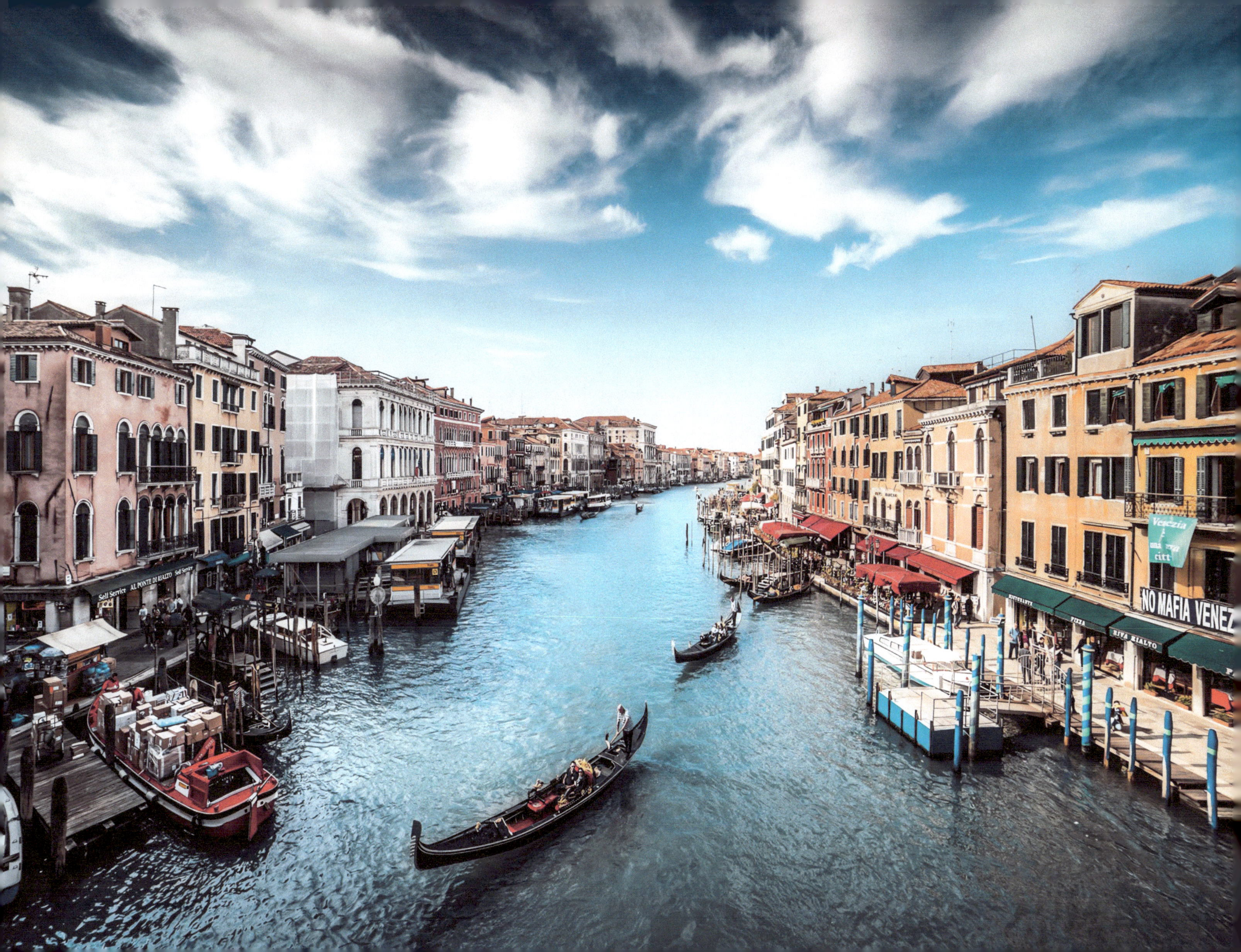

NO MAFIA VENEZ
Venezia
PIZZA
RIVA RIALTO
AL PONTE DI RIALTO

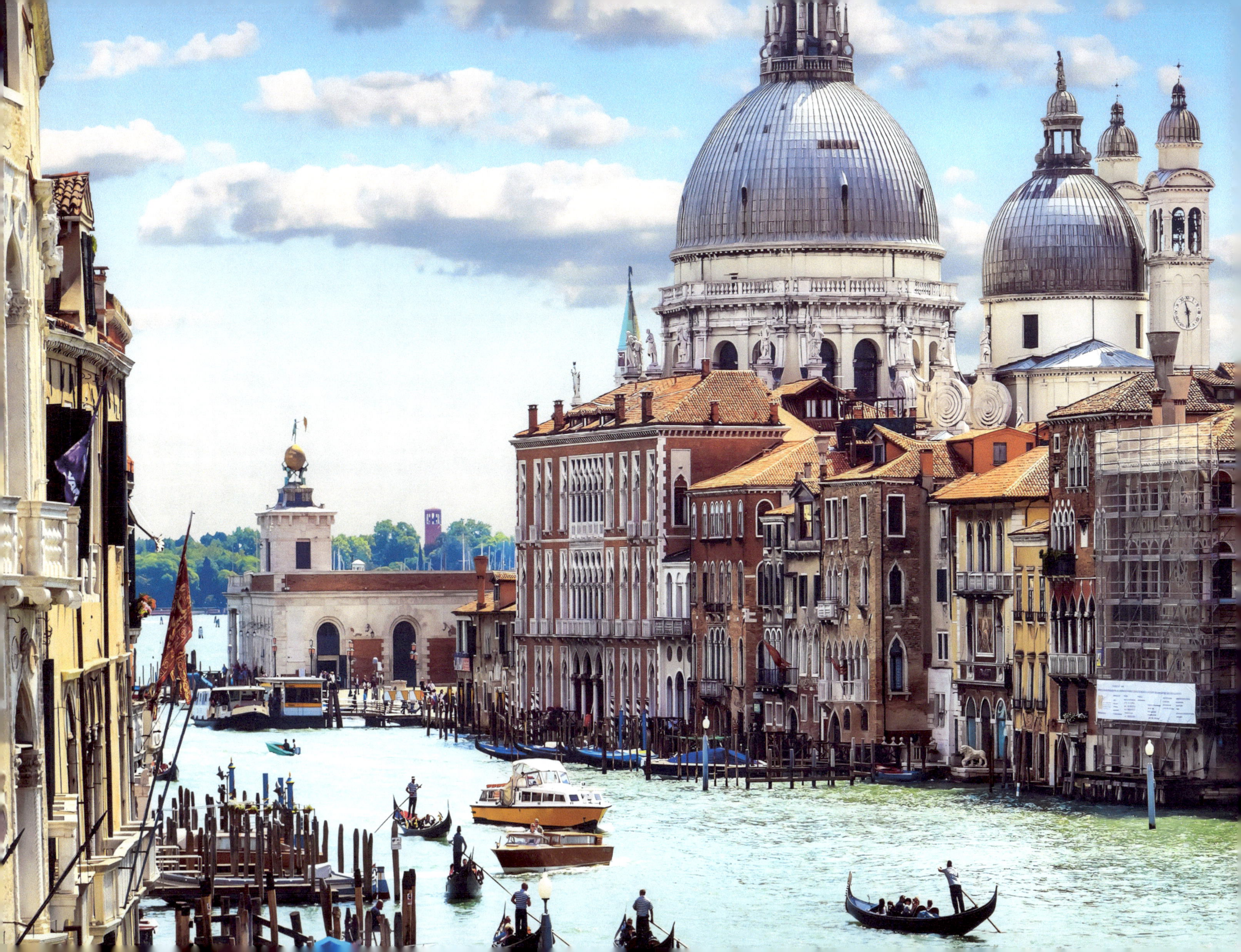

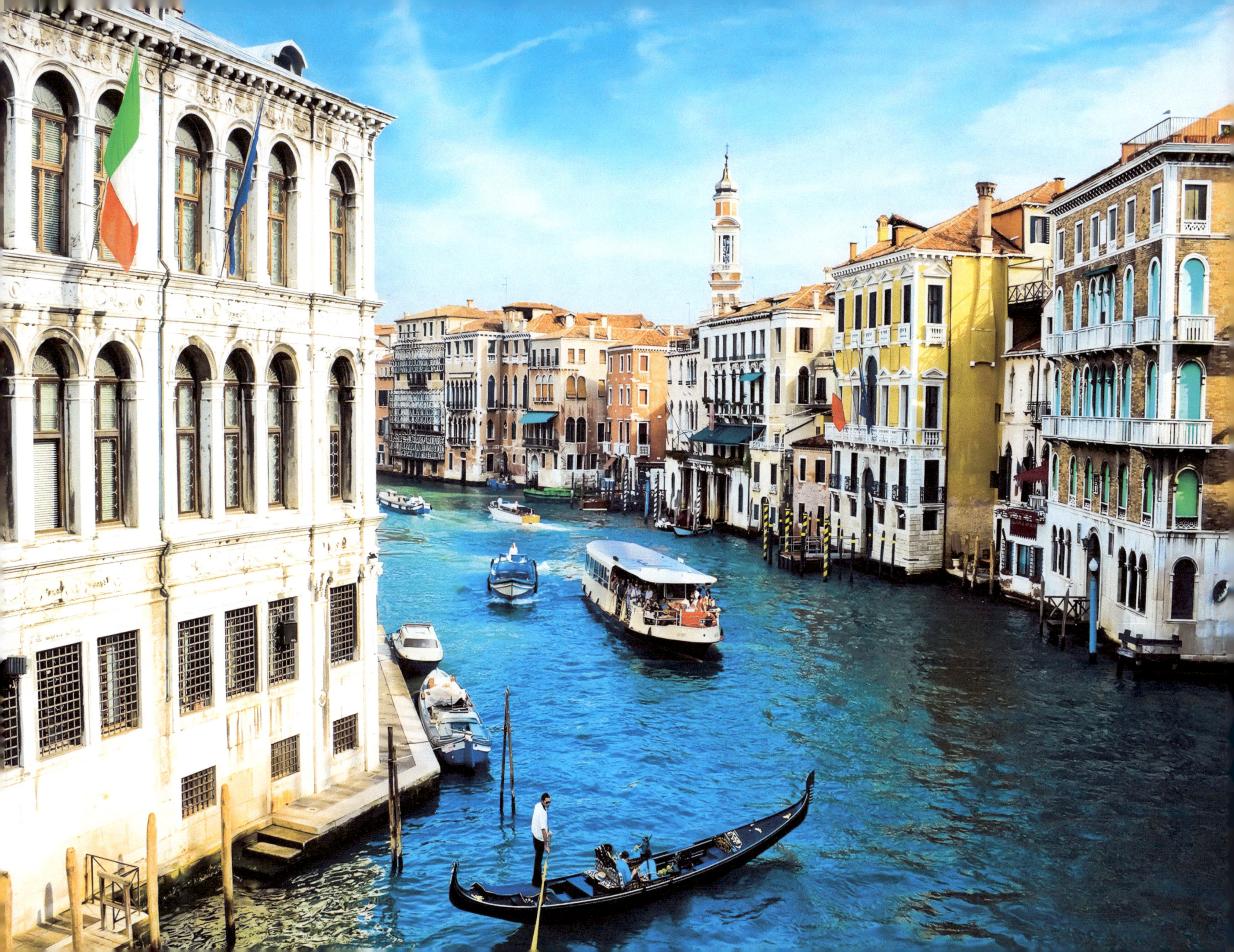

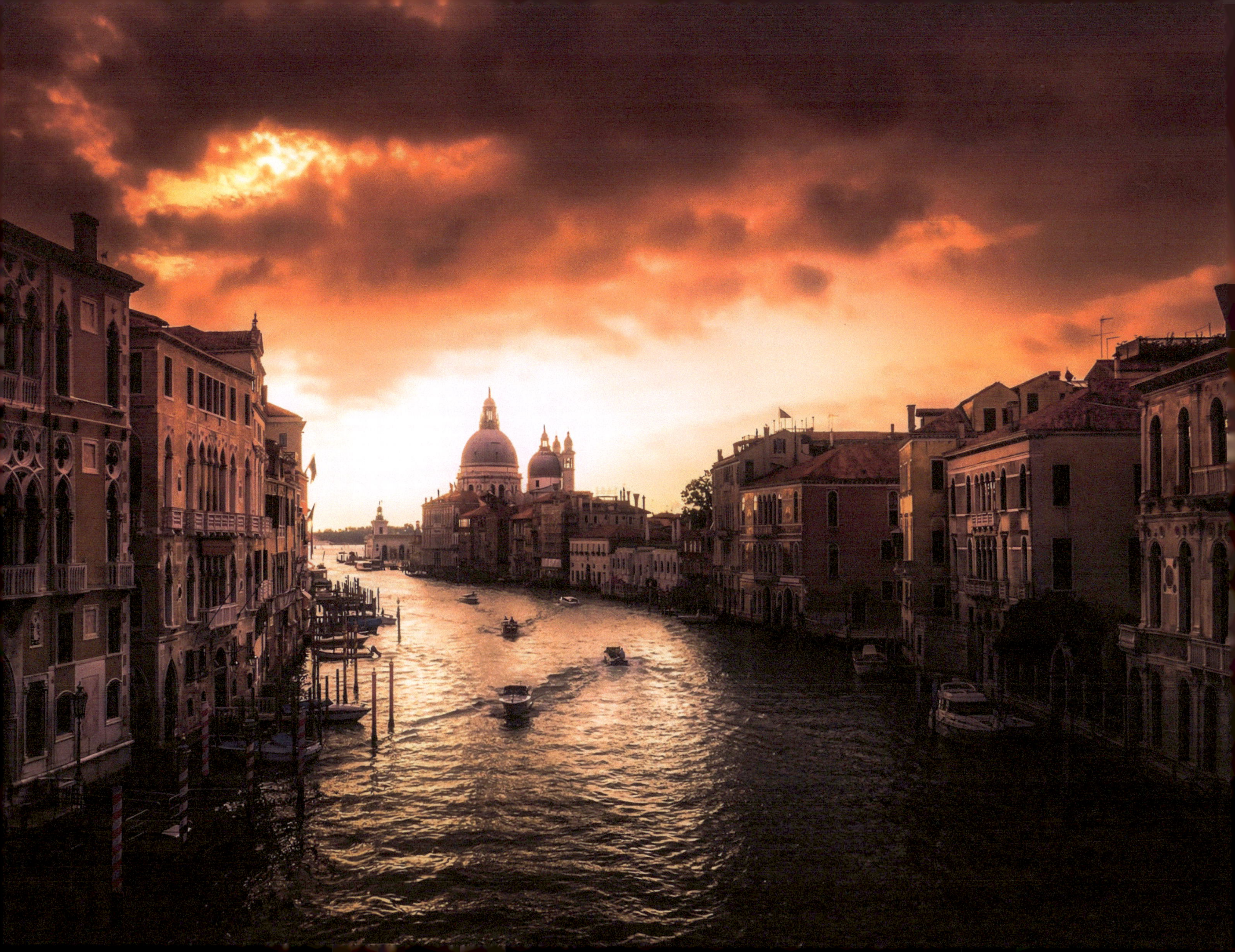

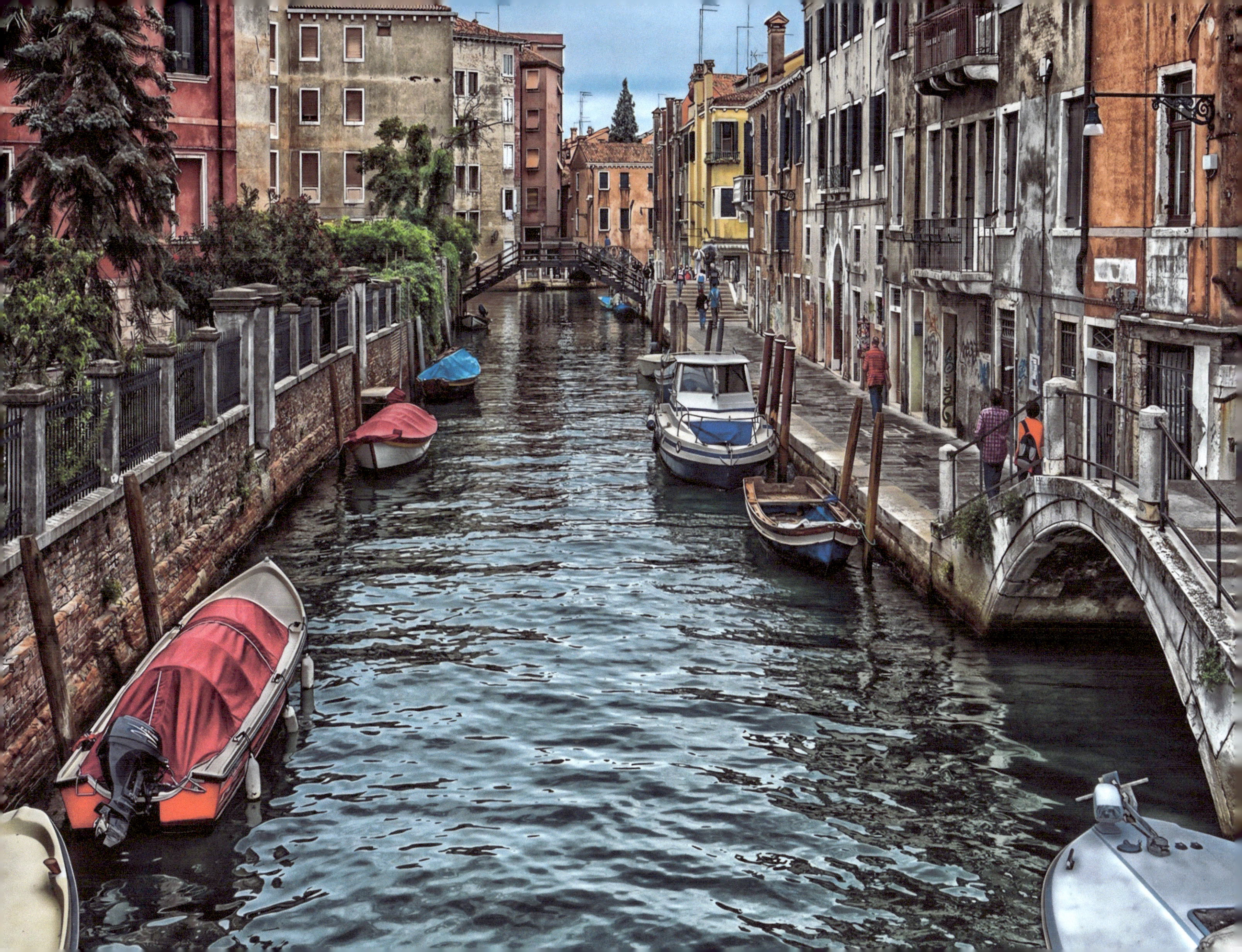

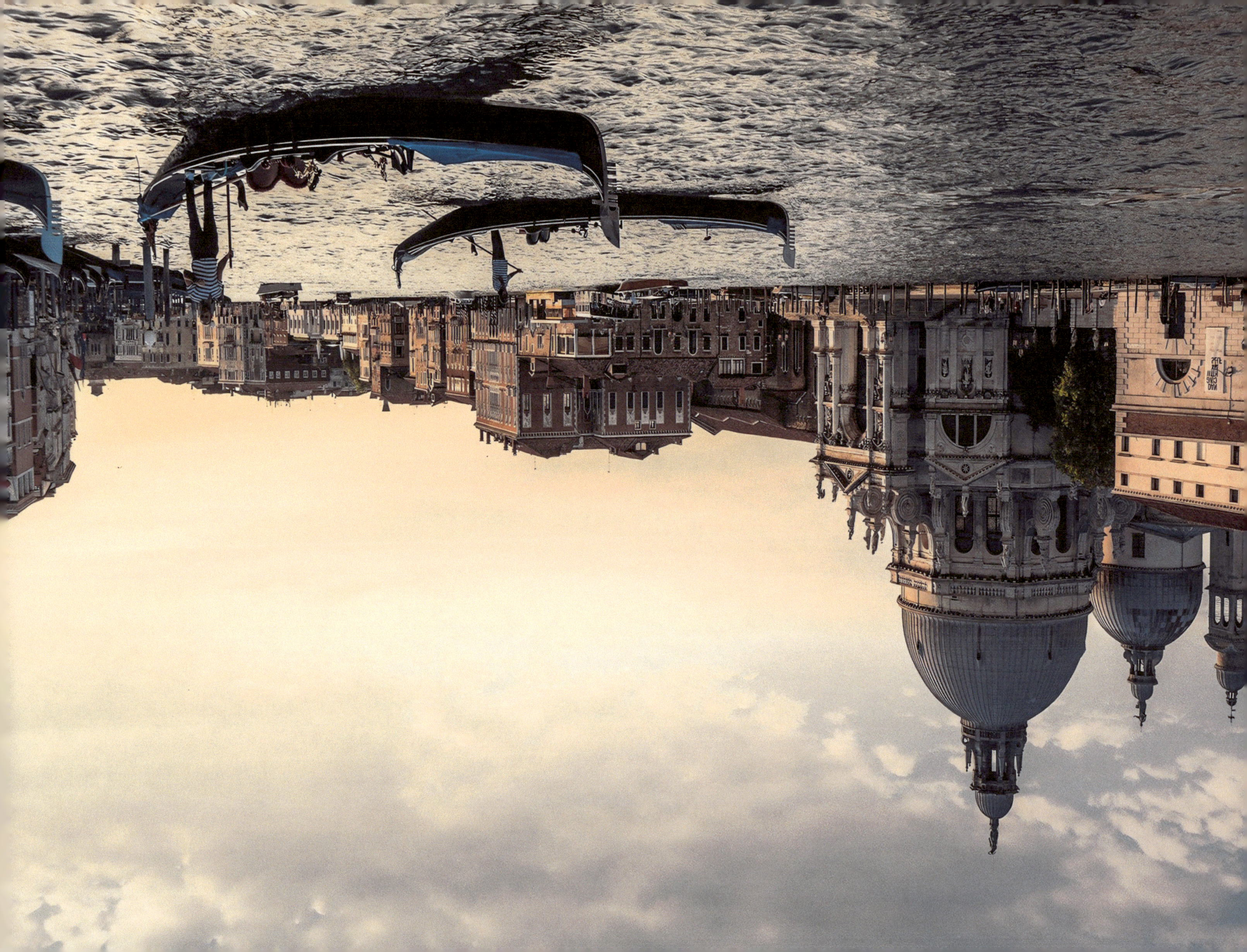

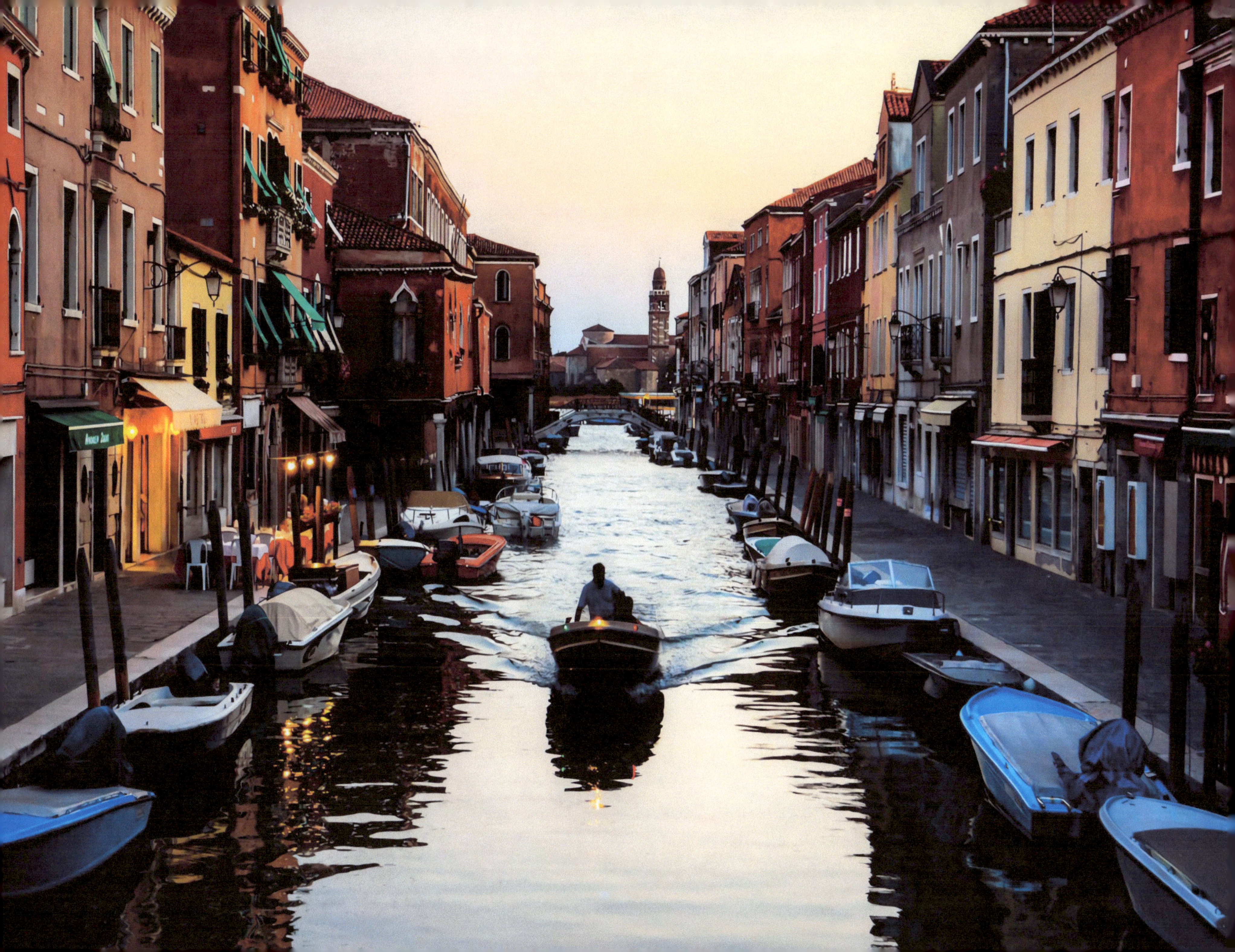

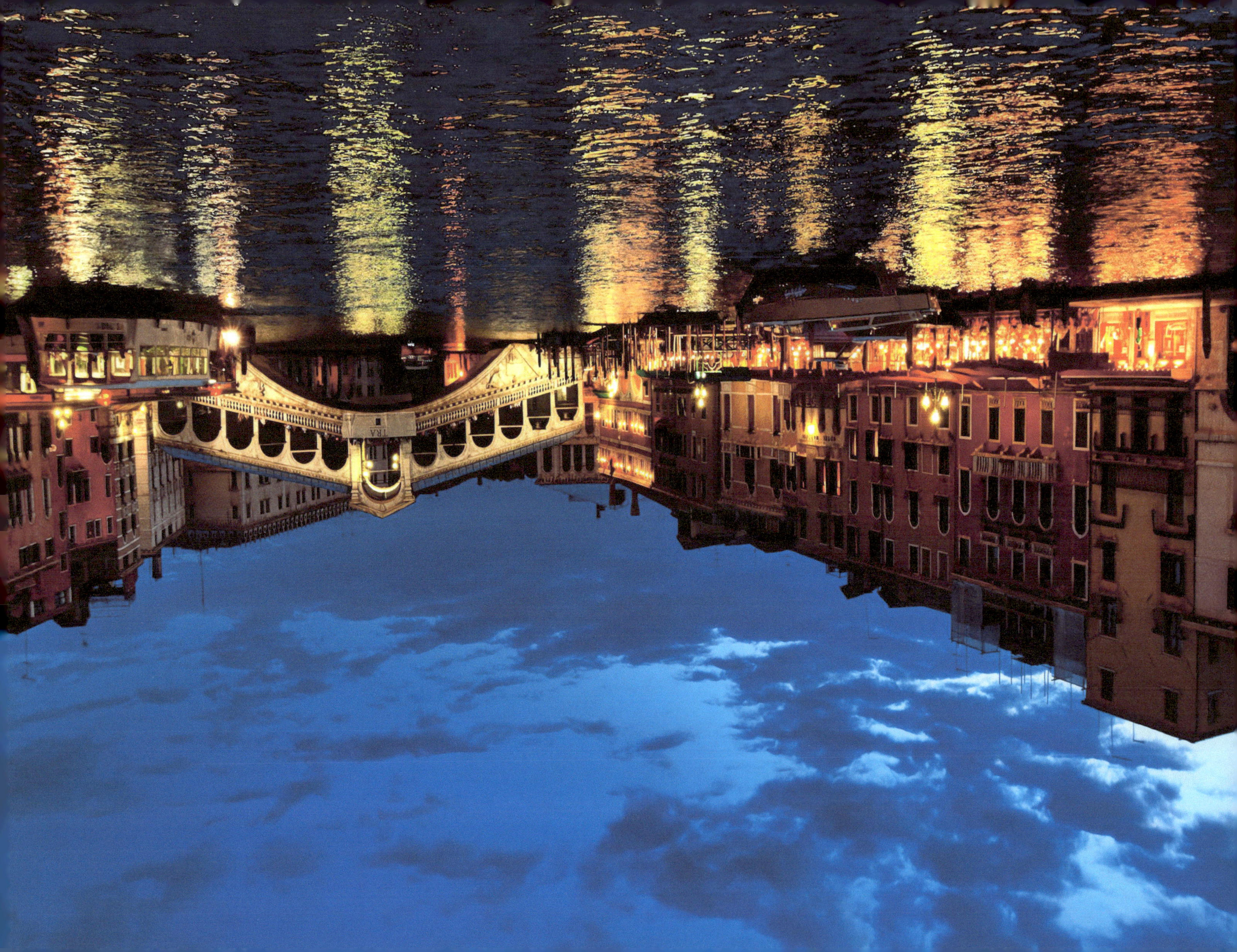

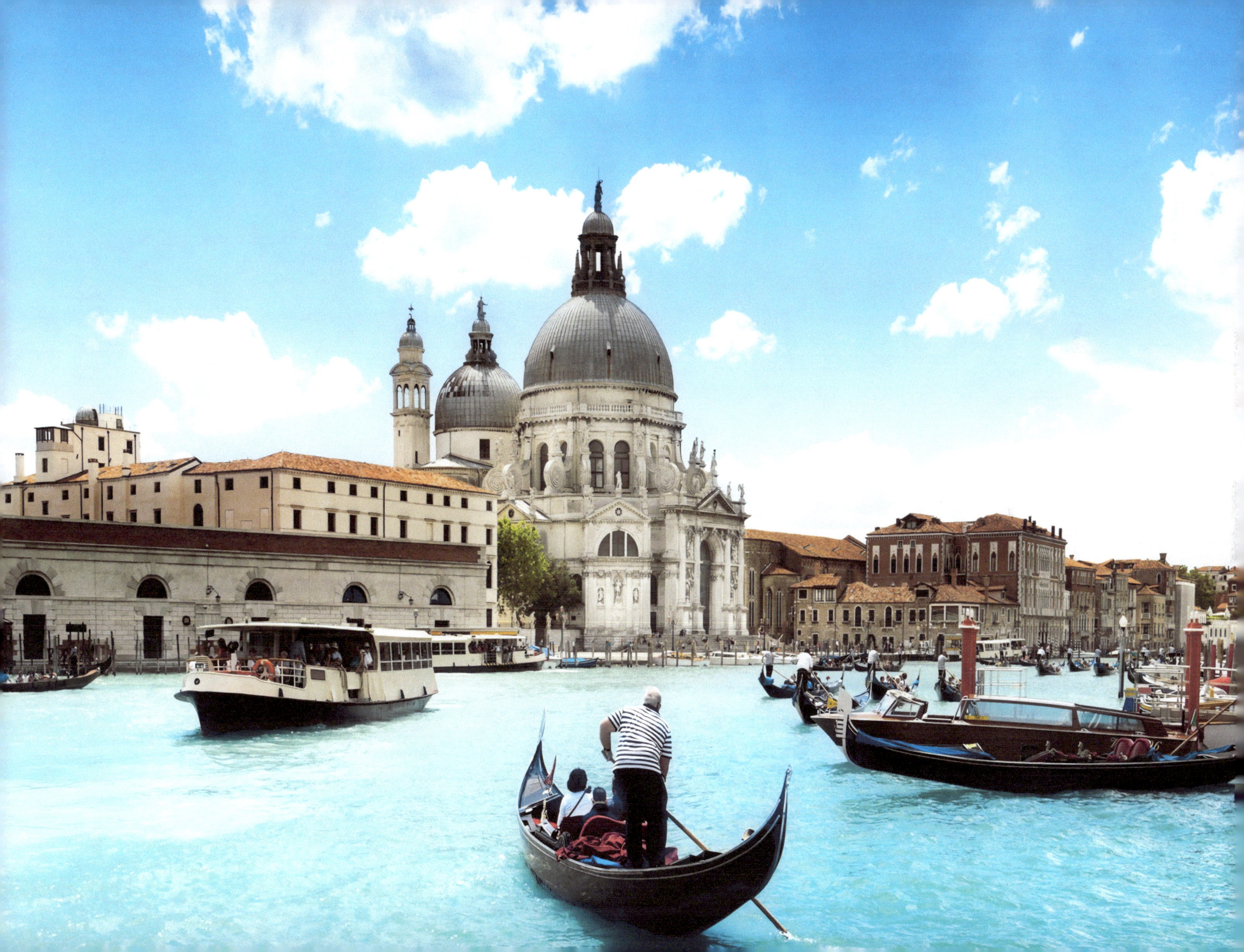

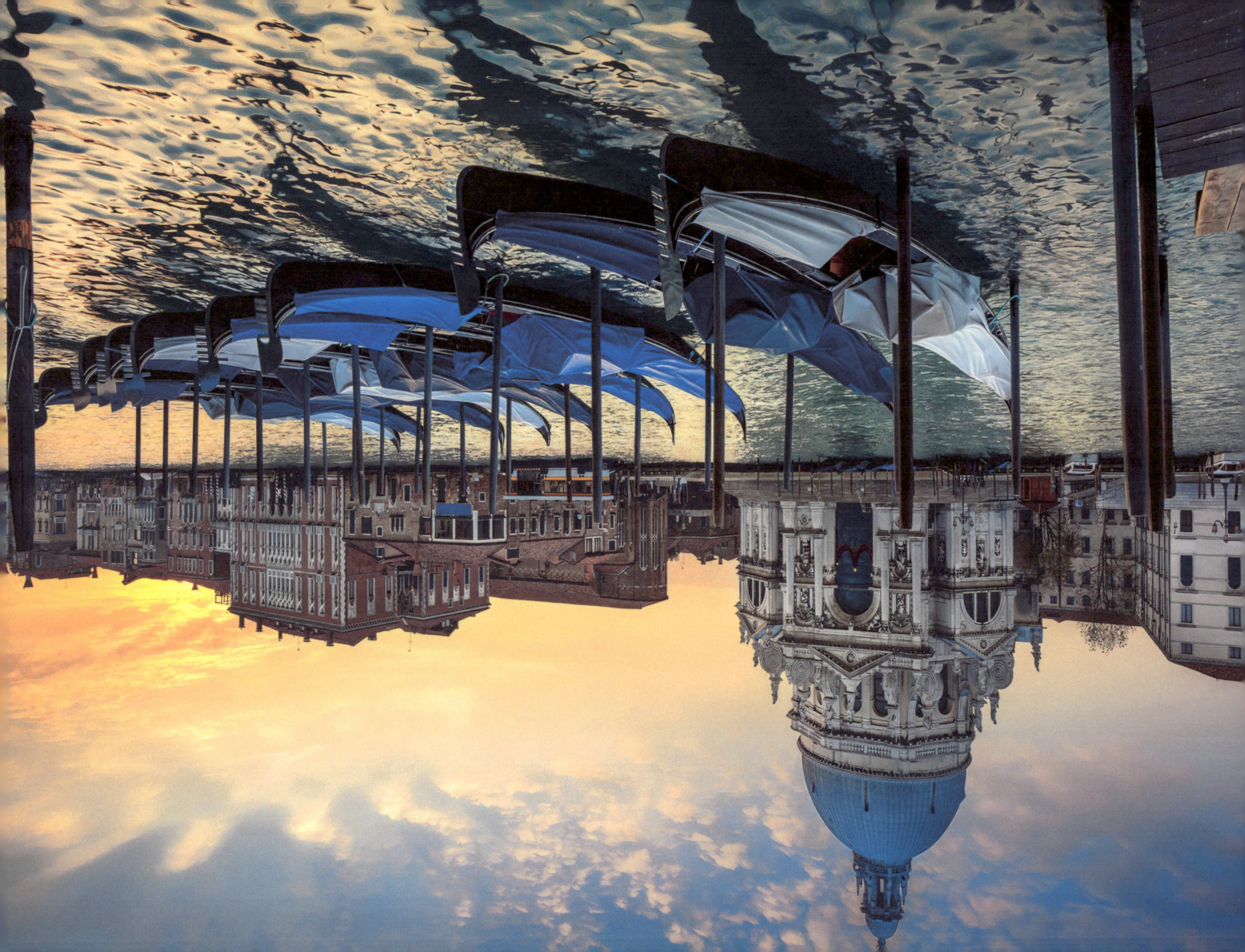

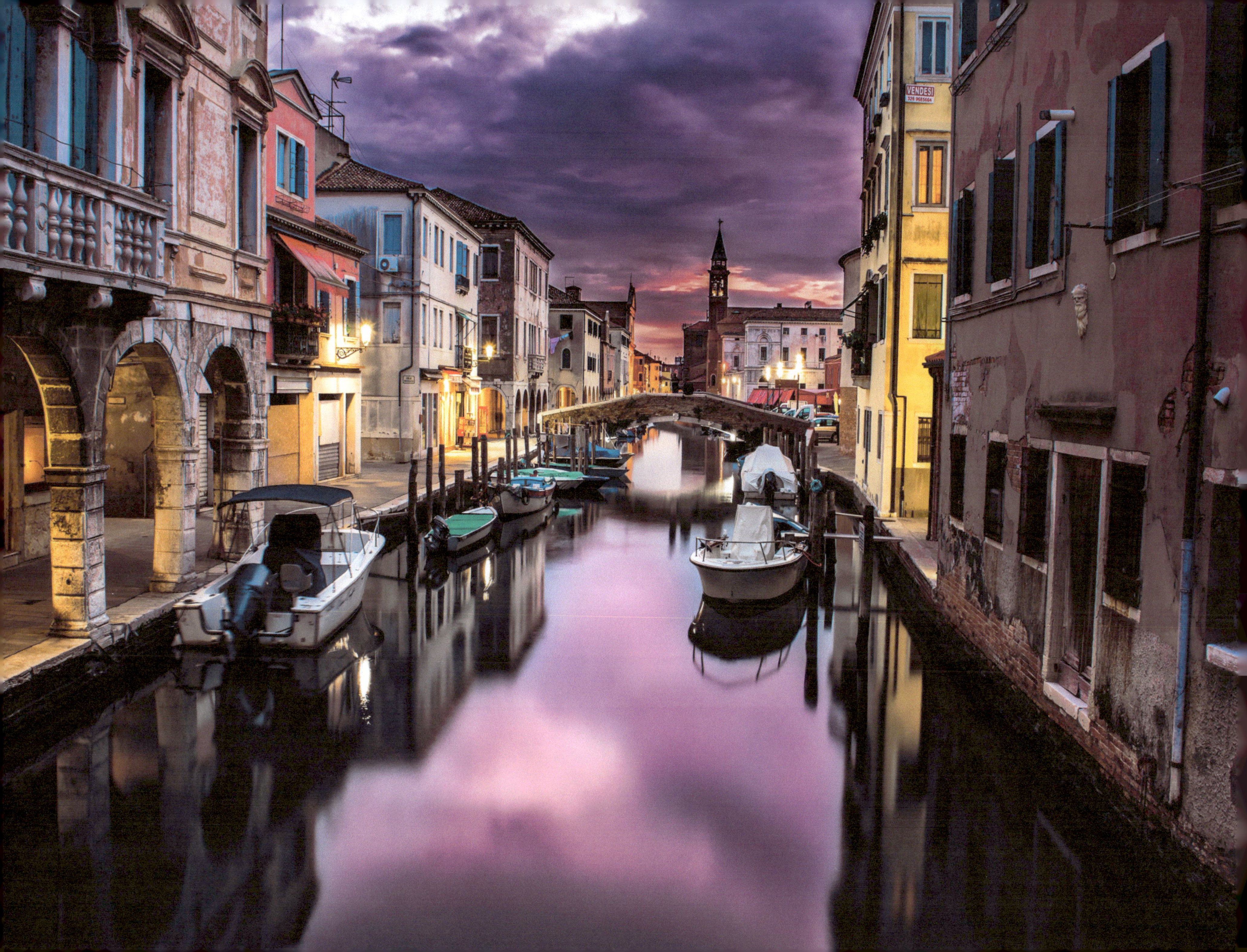
VENDESI

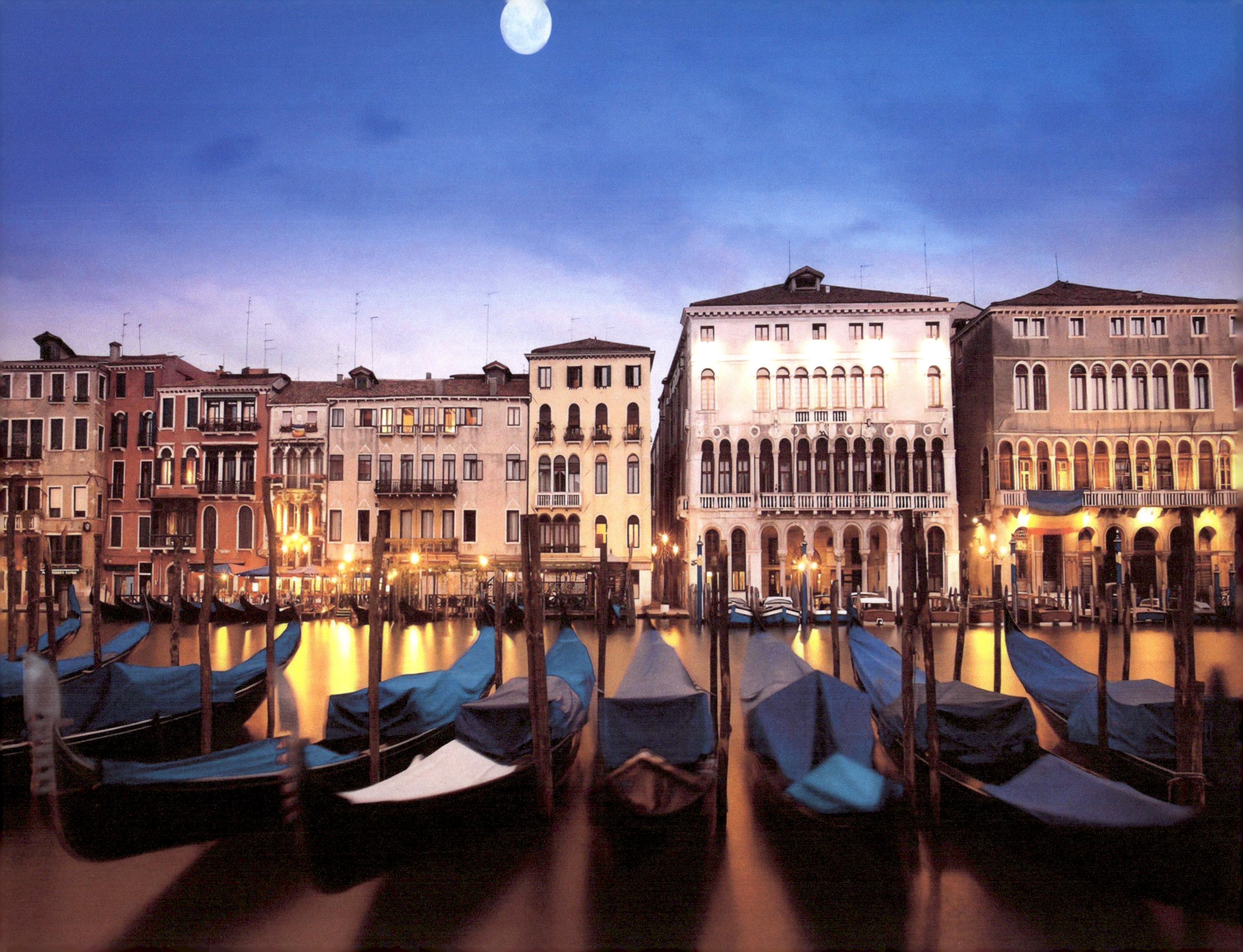

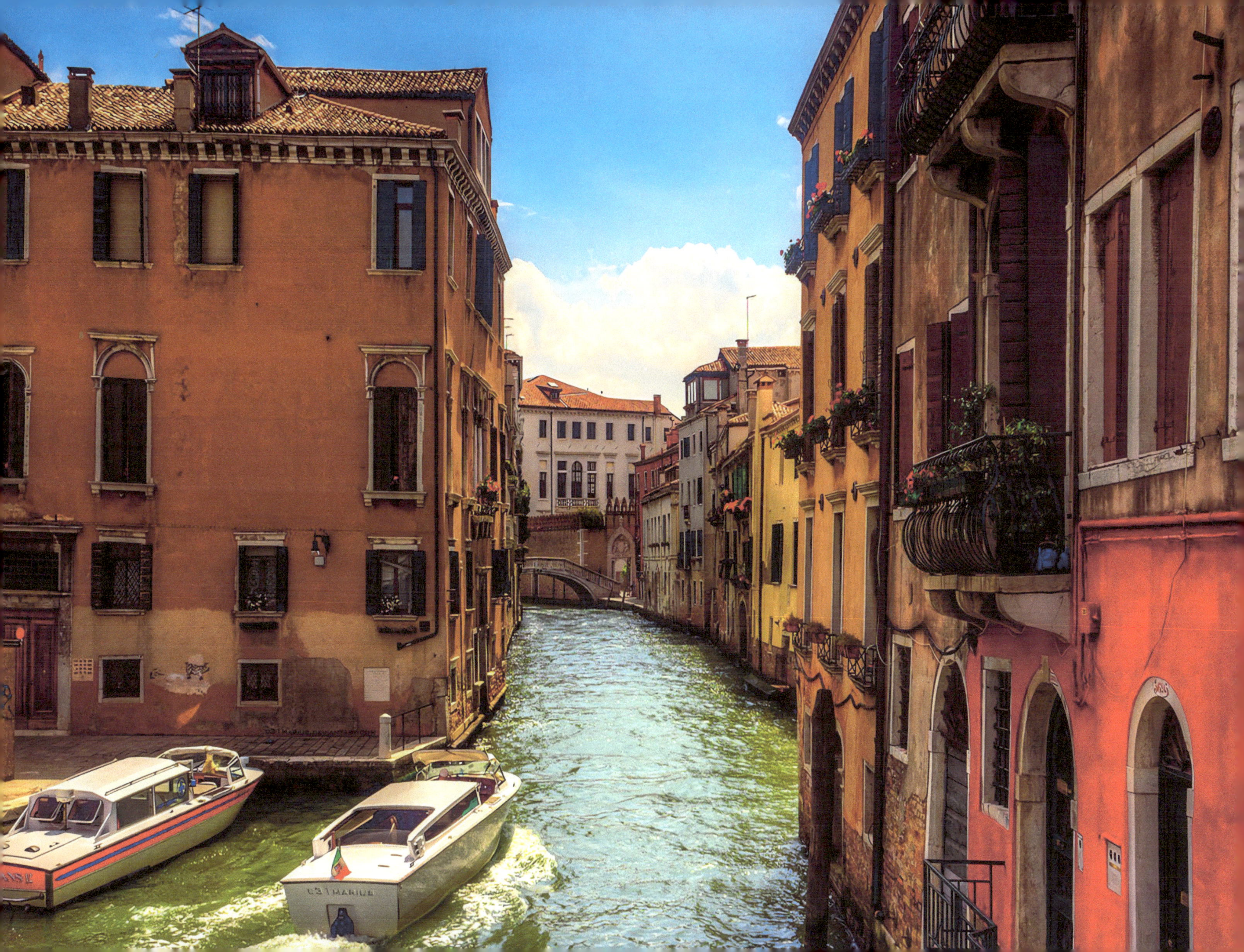

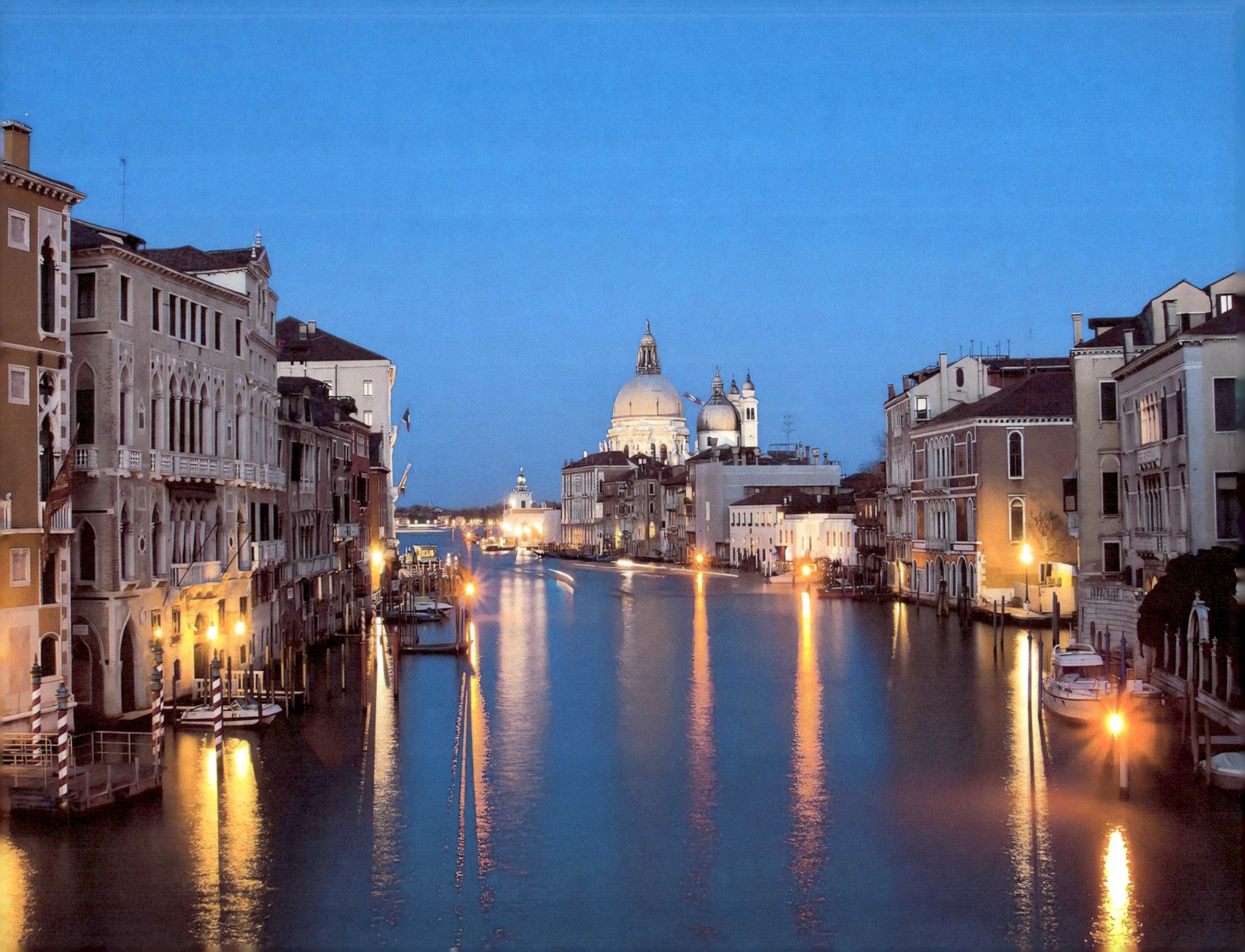

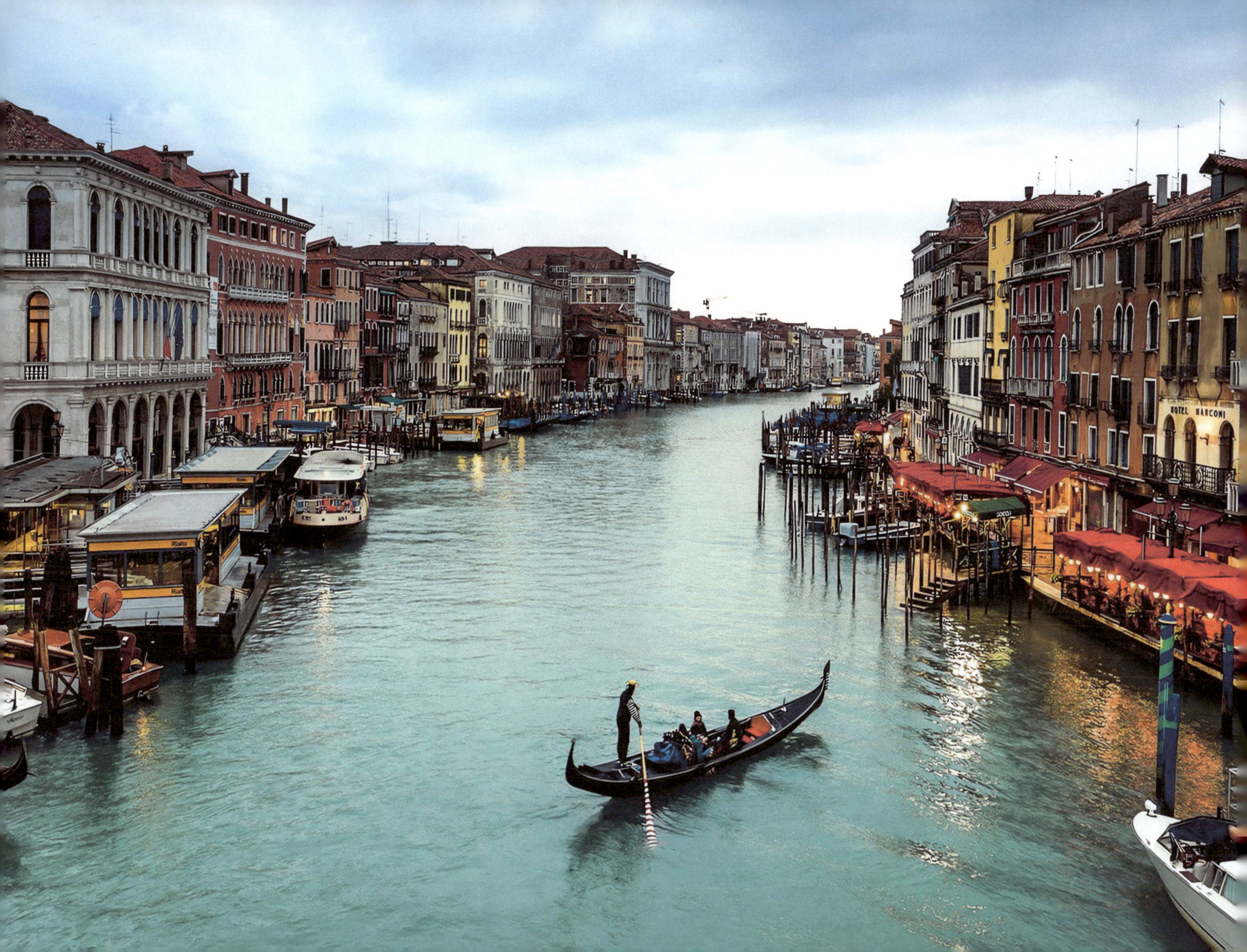
HOTEL MARCONI
Rialto

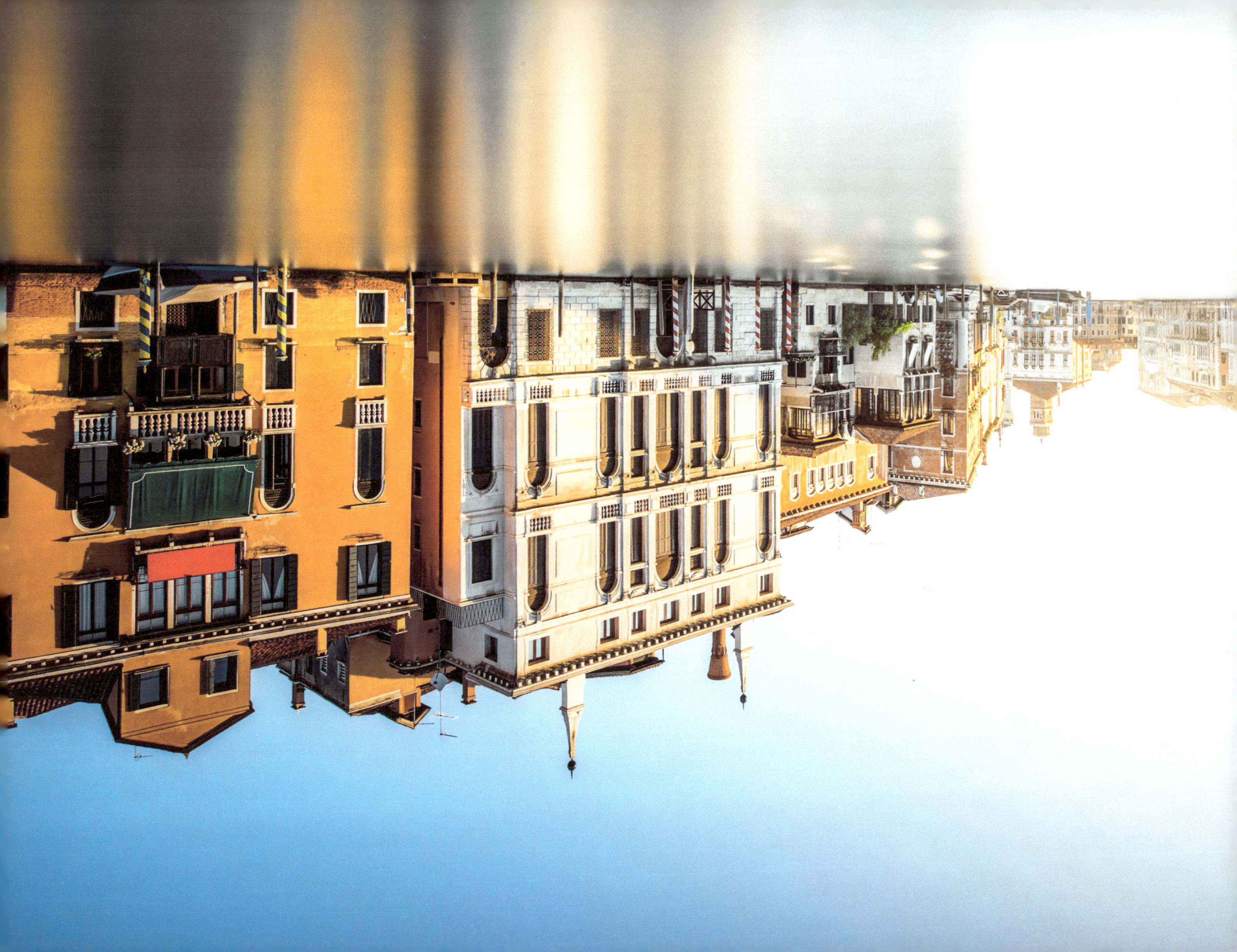

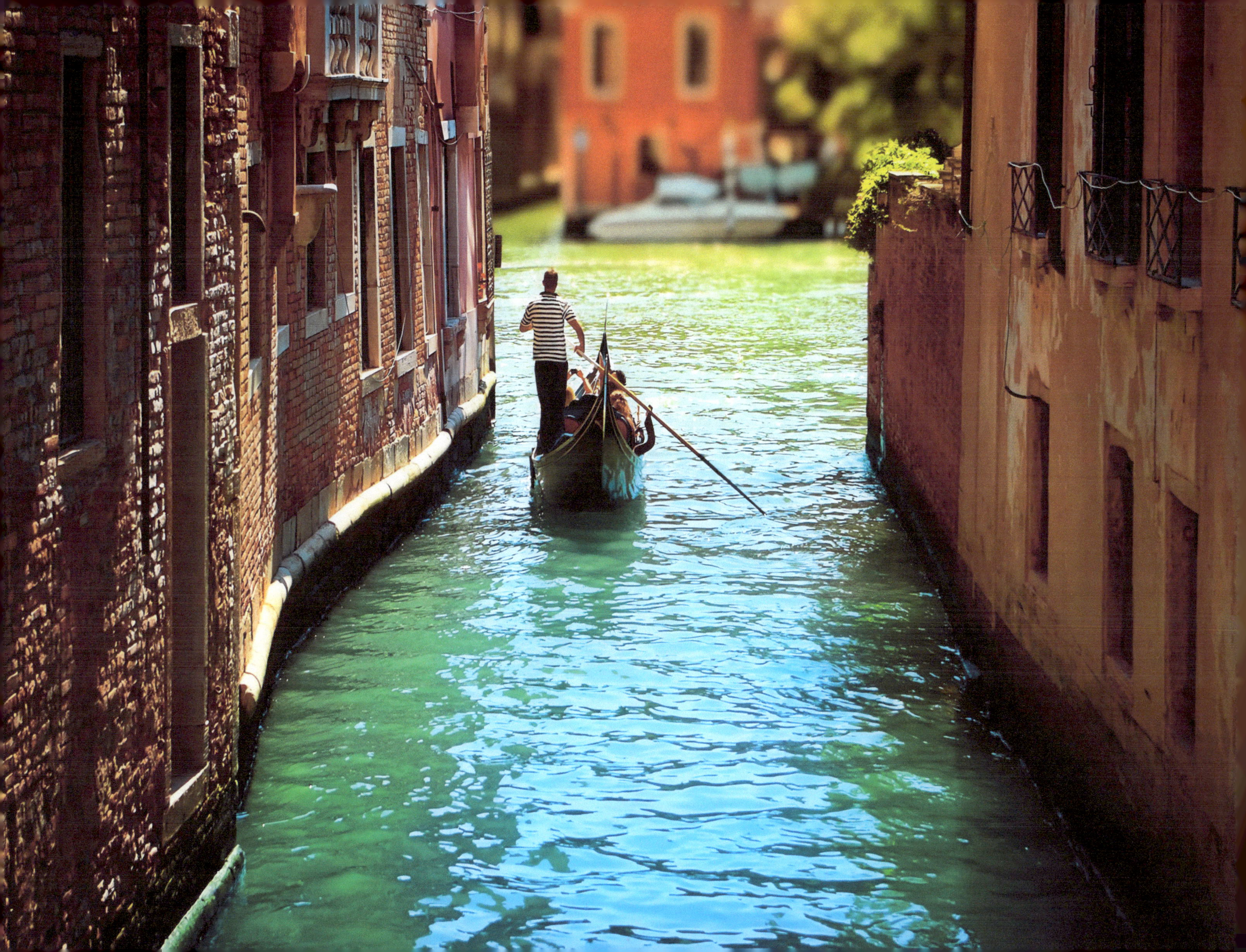

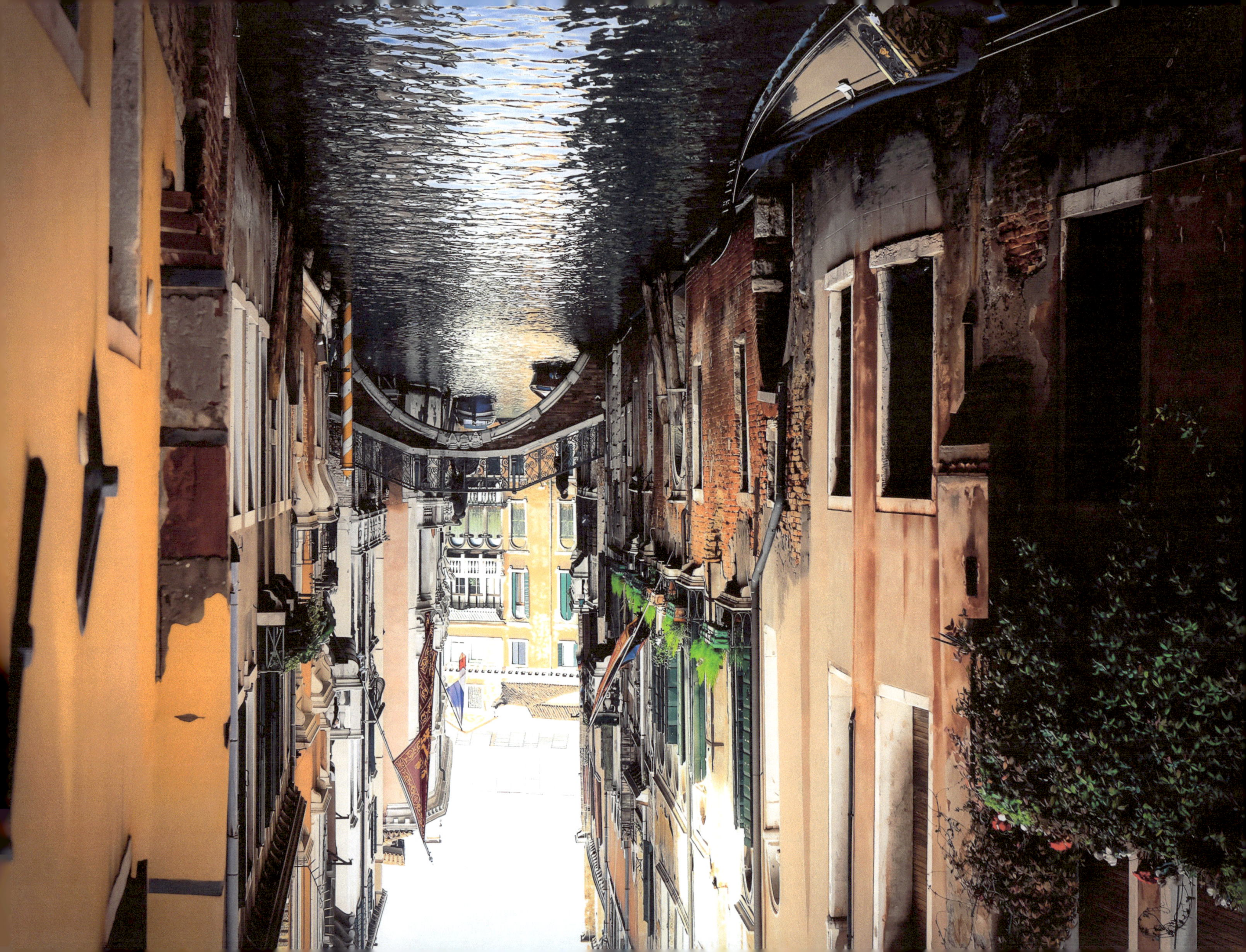

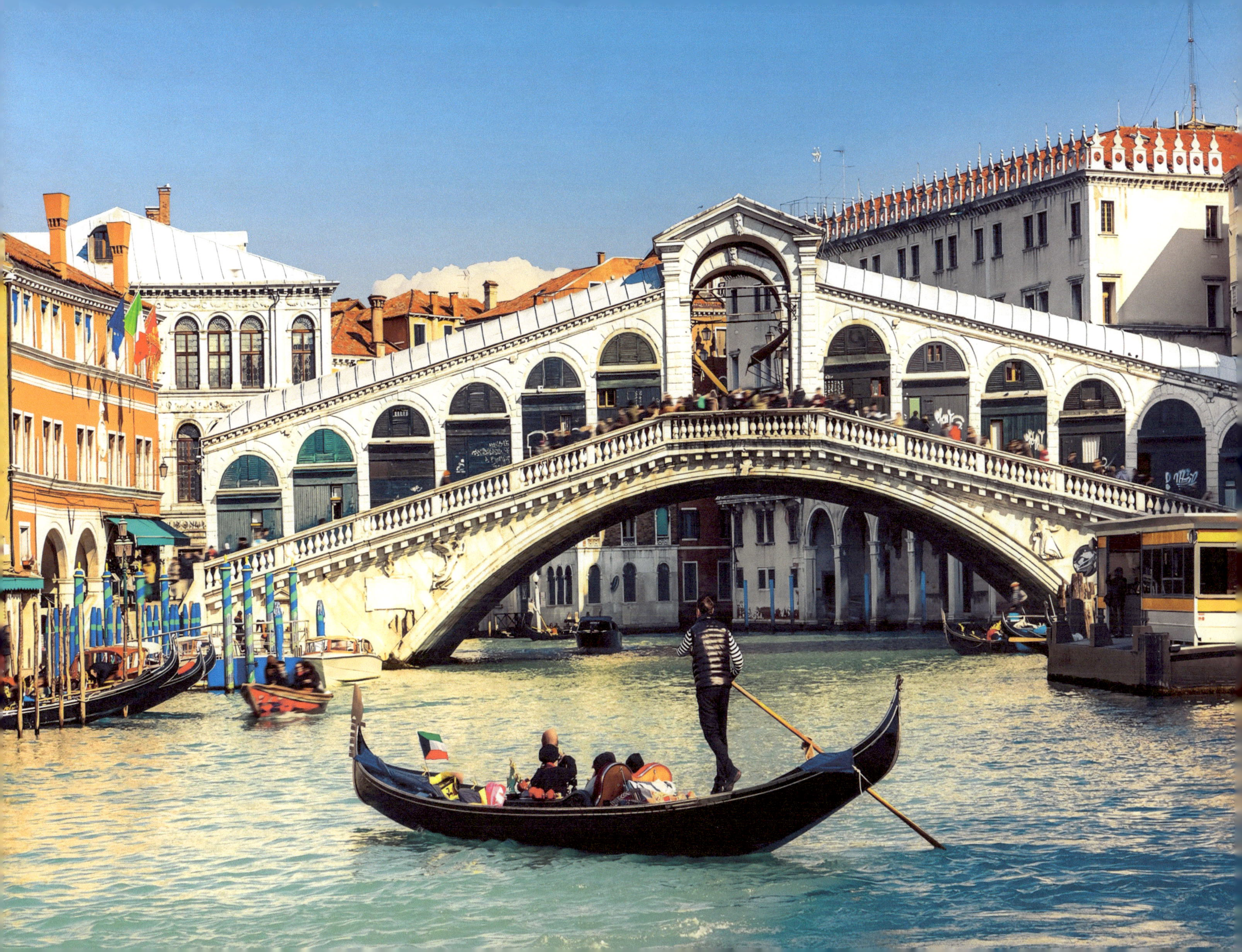

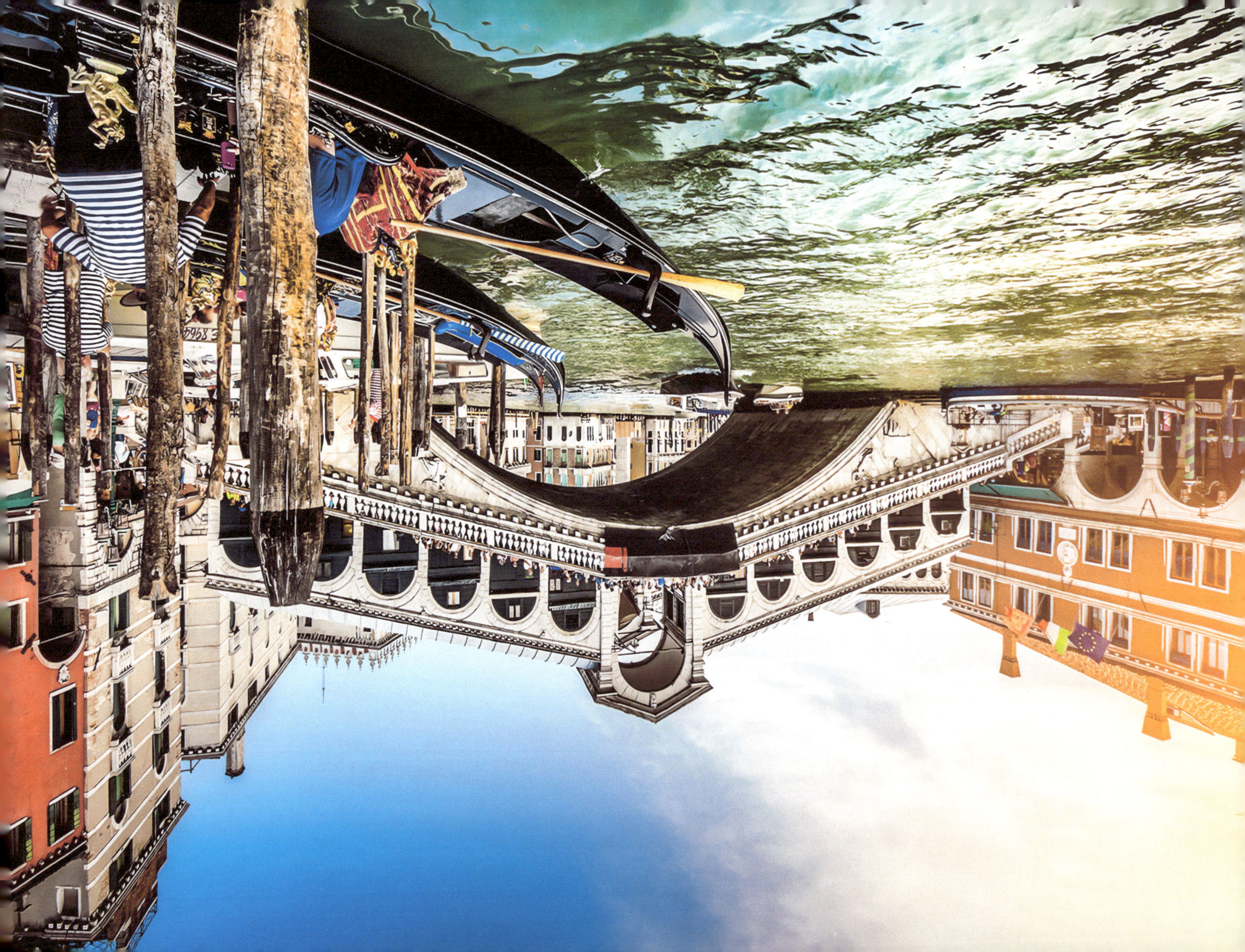

www.ingramcontent.com/pod-product-compliance
Lightning Source LLC
Chambersburg PA
CBHW051828210526
45473CB00005B/1787
* 9 7 9 8 3 0 3 1 0 3 0 3 0 *